My Bilingual Picture Book

Моя двомовна книжка з малюнками

Sefa's most beautiful children's stories in one volume

Ulrich Renz • Barbara Brinkmann:

Sleep Tight, Little Wolf · Солодких снів, маленький вовчику

For ages 2 and up

Cornelia Haas • Ulrich Renz:

My Most Beautiful Dream · Мій найпрекрасніший сон

For ages 2 and up

Ulrich Renz • Marc Robitzky:

The Wild Swans · Дикі лебіді

Based on a fairy tale by Hans Christian Andersen

For ages 5 and up

© 2024 by Sefa Verlag Kirsten Bödeker, Lübeck, Germany. www.sefa-verlag.de

Special thanks to Paul Bödeker, Freiburg, Germany

All rights reserved.

ISBN: 9783756304486

Read · Listen · Understand

Sleep Tight, Little Wolf

Солодких снів, маленький вовчику

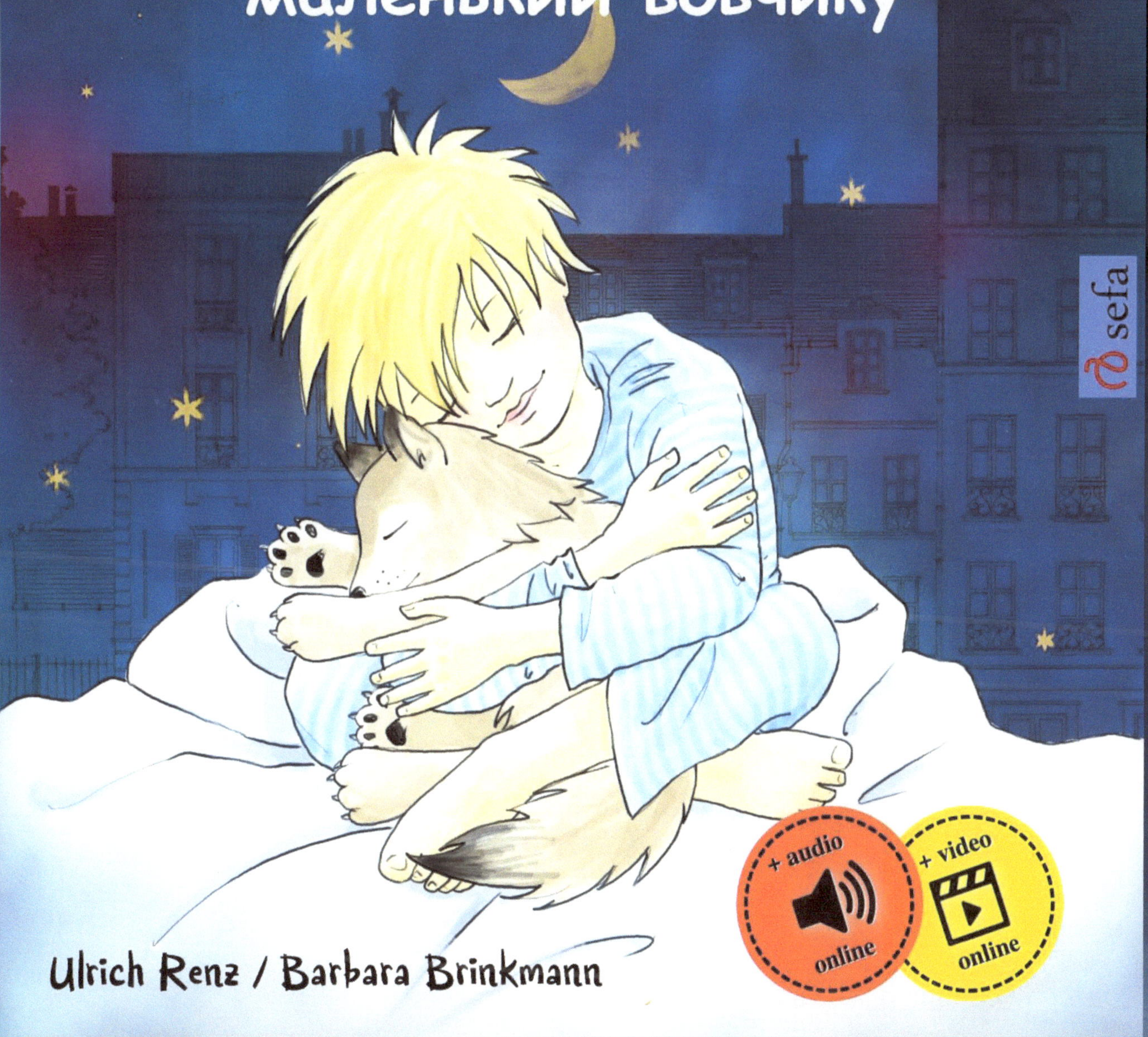

Ulrich Renz / Barbara Brinkmann

English — bilingual — Ukrainian

Translation:

Pete Savill (English)

Svetlana Hordiyenko, Lesya and Maryna Skintey (Ukrainian)

Audiobook and video:

www.sefa-bilingual.com/bonus

Password for free access:

English: **LWEN1423**

Ukrainian: **LWUK3020**

Good night, Tim! We'll continue searching tomorrow.
Now sleep tight!

На добраніч, Тіме! Ми пошукаємо завтра.
А зараз солодких снів!

It is already dark outside.

Надворі вже темно.

What is Tim doing?

Що там робить Тім?

He is leaving for the playground.

What is he looking for there?

Він йде надвір до дитячого майданчика.

Що він там шукає?

The little wolf!

He can't sleep without it.

Маленького вовчика!

Без нього він не може заснути.

Who's this coming?

Хто там іде?

Marie! She's looking for her ball.

Марійка! Вона шукає свій м'яч.

And what is Tobi looking for?

А що шукає Тобі?

His digger.

Свій екскаватор.

And what is Nala looking for?

А що шукає Нала?

Her doll.

Свою ляльку.

Don't the children have to go to bed?
The cat is rather surprised.

Хіба не треба дітям спати?
Дуже здивувалася кицька.

Who's coming now?

А хто там ще іде?

Tim's mum and dad!
They can't sleep without their Tim.

Тімині мама і тато!
Без Тіма вони не можуть заснути.

More of them are coming! Marie's dad.
Tobi's grandpa. And Nala's mum.

А ось ще хтось іде! Марійчин тато.
Тобін дідусь. І Налина мама.

Now hurry to bed everyone!

А зараз мерщій у ліжко!

Good night, Tim!
Tomorrow we won't have to search any longer.

На добраніч, Тіме!
Завтра ми вже не повинні нічого шукати.

Sleep tight, little wolf!

Солодких снів, маленький вовчику!

Cornelia Haas • Ulrich Renz

My Most Beautiful Dream
Мій найпрекрасніший сон

Translation:

Sefâ Jesse Konuk Agnew (English)

Valeria Baden (Ukrainian)

Audiobook and video:

www.sefa-bilingual.com/bonus

Password for free access:

English: **BDEN1423**

Ukrainian: **BDUK3020**

My Most Beautiful Dream
Мій найпрекрасніший сон

Cornelia Haas · Ulrich Renz

English bilingual Ukrainian

Lulu can't fall asleep. Everyone else is dreaming already – the shark, the elephant, the little mouse, the dragon, the kangaroo, the knight, the monkey, the pilot. And the lion cub. Even the bear has trouble keeping his eyes open ...

Hey bear, will you take me along into your dream?

Лулу не спиться. Усі інші вже бачать сни:
і акула, і слон, і маленька мишка, і дракон, і кенгуру, і лицар, і мавпа, і пілот. І левеня. Навіть у ведмежатка заплющуються очі...

Гей, Ведмедику, візьмеш мене до свого сну?

And with that, Lulu finds herself in bear dreamland. The bear catches fish in Lake Tagayumi. And Lulu wonders, who could be living up there in the trees?

When the dream is over, Lulu wants to go on another adventure. Come along, let's visit the shark! What could he be dreaming?

І от Лулу в країні сновидінь ведмедя. Ведмедик ловить рибу в озері Тагаюмі. Та Лулу питає себе, хто би міг жити зверху на деревах? Сон закінчився, але Лулу хоче ще більше пригод. Давай навідаємося до акули! Що може їй снитися?

The shark plays tag with the fish. Finally he's got some friends! Nobody's afraid of his sharp teeth.

When the dream is over, Lulu wants to go on another adventure. Come along, let's visit the elephant! What could he be dreaming?

Акула грає з рибами у квача. Нарешті у неї є друзі! Ніхто не боїться її гострих зубів.

Сон закінчився, але Лулу хоче більше пригод. Давай навідаємося до слона! Що може йому снитися?

The elephant is as light as a feather and can fly! He's about to land on the celestial meadow.

When the dream is over, Lulu wants to go on another adventure. Come along, let's visit the little mouse! What could she be dreaming?

Слон – легкий, як пір'їнка, і може літати! Ось він приземляється на небесну галявину.
Сон закінчився, але Лулу хоче ще більше пригод. Давай навідаємося до маленької мишки! Що може їй снитися?

The little mouse watches the fair. She likes the roller coaster best. When the dream is over, Lulu wants to go on another adventure. Come along, let's visit the dragon! What could she be dreaming?

Маленька мишка спостерігає за ярмарком. Найбільше їй подобаються американські гірки.

Сон закінчився, але Лулу хоче ще більше пригод. Давай навідаємося до дракона! Що може йому снитися?

The dragon is thirsty from spitting fire. She'd like to drink up the whole lemonade lake.

When the dream is over, Lulu wants to go on another adventure. Come along, let's visit the kangaroo! What could she be dreaming?

Дракона мучить спрага, бо він довго плювався вогнем. Він готовий випити ціле озеро лимонаду.
Сон закінчився, але Лулу хоче ще більше пригод. Давай навідаємося до кенгуру! Що може йому снитися?

The kangaroo jumps around the candy factory and fills her pouch. Even more of the blue sweets! And more lollipops! And chocolate!

When the dream is over, Lulu wants to go on another adventure. Come along, let's visit the knight! What could he be dreaming?

Кенгуру стрибає по кондитерській фабриці та набиває собі повну сумку. Ще більше синіх солодощів! І ще льодяників! І шоколаду! Сон закінчився, але Лулу хоче ще більше пригод. Давай навідаємося до лицаря! Що може йому снитися?

The knight is having a cake fight with his dream princess. Oops! The whipped cream cake has gone the wrong way!

When the dream is over, Lulu wants to go on another adventure. Come along, let's visit the monkey! What could he be dreaming?

Лицар влаштовує тортовий бій із принцесою своєї мрії. Ой, лишенько! Повз пролітає вершковий торт!

Сон закінчився, але Лулу хоче ще більше пригод. Давай навідаємося до мавпи! Що може їй снитися?

Snow has finally fallen in Monkeyland. The whole barrel of monkeys is beside itself and getting up to monkey business.

When the dream is over, Lulu wants to go on another adventure. Come along, let's visit the pilot! In which dream could he have landed?

Нарешті у країні мавп випав сніг! Уся мавпяча зграя з'їхала з глузду та вчинила балаган.

Сон закінчився, та Лулу хоче ще більше пригод. Давай навідаємося до пілота! У якому сні він приземлився?

The pilot flies on and on. To the ends of the earth, and even farther, right on up to the stars. No other pilot has ever managed that.

When the dream is over, everybody is very tired and doesn't feel like going on many adventures anymore. But they'd still like to visit the lion cub.

What could she be dreaming?

Пілот летить і летить. До краю землі та ще далі до зірок. Це не вдавалося жодному пілотові.

Коли сон закінчився, всі були втомлені й не хотіли більше ніяких пригод. Але до левенятка все ж вирішили навідатися. Що може йому снитися?

The lion cub is homesick and wants to go back to the warm, cozy bed. And so do the others.

And thus begins ...

Левенятко сумує за домівкою та хоче назад у своє тепле і затишне ліжко.
Та й усі інші також.

І тоді починається ...

... Lulu's
most beautiful dream.

... найпрекрасніший сон Лулу.

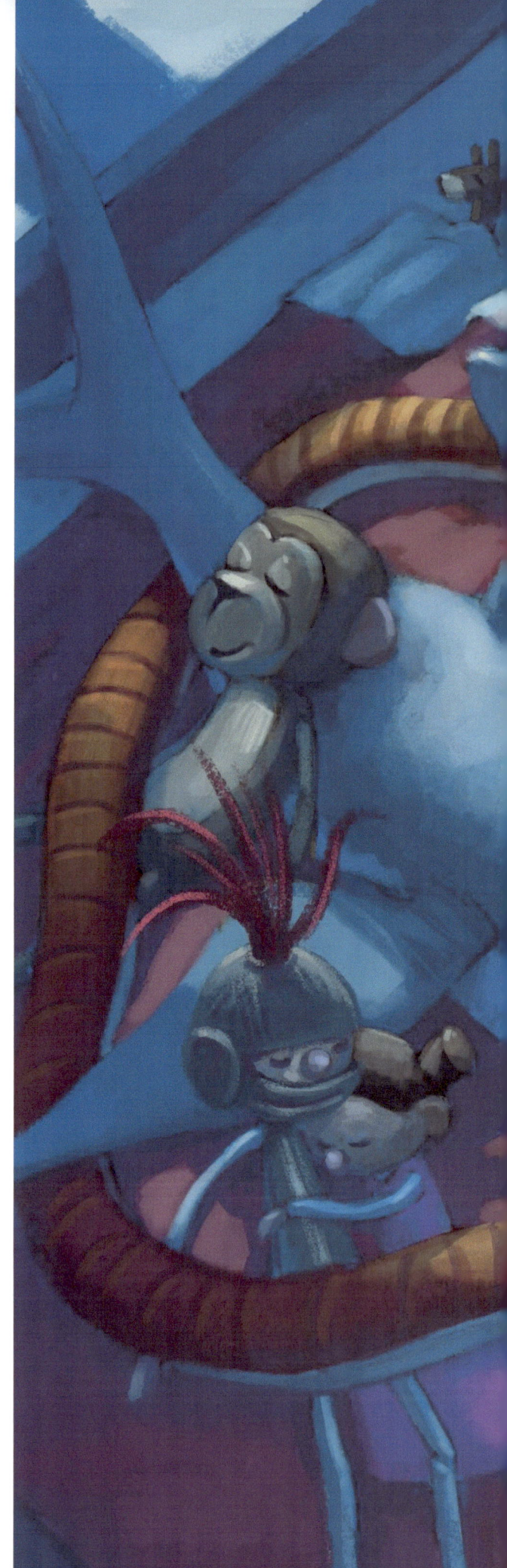

Ulrich Renz • Marc Robitzky

The Wild Swans
Дикі лебіді

Translation:

Ludwig Blohm, Pete Savill (English)

Vsevolod Orlov (Ukrainian)

Audiobook and video:

www.sefa-bilingual.com/bonus

Password for free access:

English: **WSEN1423**

Ukrainian: **WSUK3020**

Ulrich Renz · Marc Robitzky

The Wild Swans

Дикі лебіді

Based on a fairy tale by

Hans Christian Andersen

English · bilingual · Ukrainian

Once upon a time there were twelve royal children – eleven brothers and one older sister, Elisa. They lived happily in a beautiful castle.

Давним-давно жили-були у короля дванадцять дітей–одинадцять братів та їхня старша сестра Еліза. Вони жили щасливо у прекрасному палаці.

One day the mother died, and some time later the king married again. The new wife, however, was an evil witch. She turned the eleven princes into swans and sent them far away to a distant land beyond the large forest.

Одного дня королева померла, і через деякий час король одружився вдруге. Але нова дружина була злобною відьмою. Вона зачарувала одинадцять принців, перетворивши їх на лебедів, та відправила їх у далеку країну, яка знаходилася біля дрімучого лісу.

She dressed the girl in rags and smeared an ointment onto her face that turned her so ugly, that even her own father no longer recognized her and chased her out of the castle. Elisa ran into the dark forest.

Дівчинку вона одягнула у лахи та вилила на її лице гидку мазь так, що навіть рідний батько не впізнав її та вигнав із замку. Еліза втекла у темний ліс.

Now she was all alone, and longed for her missing brothers from the depths of her soul. As the evening came, she made herself a bed of moss under the trees.

Там була вона зовсім самотня і всім серцем сумувала за своїми зниклими братами. Увечері вона зробила під деревами ліжко з моху.

The next morning she came to a calm lake and was shocked when she saw her reflection in it. But once she had washed, she was the most beautiful princess under the sun.

Наступного ранку вона прийшла до тихого озера та, побачивши своє відображення, злякалась. Вона вмилася і знов стала найкрасивішою принцесою у всьому світі.

After many days Elisa reached the great sea. Eleven swan feathers were bobbing on the waves.

Минуло декілька днів, та Еліза дійшла до великого моря, на хвилях якого гойдалися одинадцять лебедів.

As the sun set, there was a swooshing noise in the air and eleven wild swans landed on the water. Elisa immediately recognized her enchanted brothers. They spoke swan language and because of this she could not understand them.

Як зійшло сонце, вона почула шум–то одинадцять диких лебедів опустилися на воду. Еліза одразу ж впізнала своїх зачарованих братів, але вона не могла зрозуміти їх, бо вони говорили лебединою мовою.

During the day the swans flew away, and at night the siblings snuggled up together in a cave.

One night Elisa had a strange dream: Her mother told her how she could release her brothers from the spell. She should knit shirts from stinging nettles and throw one over each of the swans. Until then, however, she was not allowed to speak a word, or else her brothers would die.
Elisa set to work immediately. Although her hands were burning as if they were on fire, she carried on knitting tirelessly.

Удень лебеді зникали, а вночі брати та сестра ніжно притискалися один до одного у печері.

Якось вночі Елізі наснився дивний сон: її мати сказала їй, як вона може звільнити братів від чар. Вона мала виплести з кропиви по сорочці для кожного лебедя та накинути їх на них. Але до того часу з її вуст не має вилетіти жодного слова, інакше її брати загинуть.
Еліза одразу ж взялася до роботи. Хоча її руки пекло вогнем, вона невтомно плела.

One day hunting horns sounded in the distance. A prince came riding along with his entourage and he soon stood in front of her. As they looked into each other's eyes, they fell in love.

Одного дня десь вдалині залунав мисливській ріг. Принц зі своїми підданими прискакав на коні та вже незабаром стояв перед Елізою. Як тільки вони подивились один одному в вічі, то одразу ж закохалися.

The prince lifted Elisa onto his horse and rode to his castle with her.

Принц посадив Елізу на свого коня та поскакав із нею у свій палац.

The mighty treasurer was anything but pleased with the arrival of the silent beauty. His own daughter was meant to become the prince's bride.

Але могутній радник принца аж ніяк не радів приїзду мовчазної красуні, тому що його власна донька мала стати нареченою принца.

Elisa had not forgotten her brothers. Every evening she continued working on the shirts. One night she went out to the cemetery to gather fresh nettles. While doing so she was secretly watched by the treasurer.

Еліза не забула про своїх братів. Кожен вечір вона продовжувала плести сорочки. Якось вночі вона пішла на цвинтар нарвати свіжої кропиви, а радник непомітно стежив за нею.

As soon as the prince was away on a hunting trip, the treasurer had Elisa thrown into the dungeon. He claimed that she was a witch who met with other witches at night.

Коли принц поїхав на полювання, радник кинув Елізу у темницю. Радник заявив, що вона відьма, яка по ночах зустрічається з іншими відьмами на цвинтарі.

At dawn, Elisa was fetched by the guards. She was going to be burned to death at the marketplace.

На світанку Елізу схопили вартові. Її мали спалити на ринковій площі.

No sooner had she arrived there, when suddenly eleven white swans came flying towards her. Elisa quickly threw a shirt over each of them. Shortly thereafter all her brothers stood before her in human form. Only the smallest, whose shirt had not been quite finished, still had a wing in place of one arm.

Ледь вона опинилася там, як раптом прилетіли одинадцять білих лебедів. Еліза швидко накинула на кожного панцир-сорочку. Перед нею встали всі її брати у людській подобі. Тільки у наймолодшого, чия сорочка була недоплетена, замість однієї руки було лебедине крило.

The siblings' joyous hugging and kissing hadn't yet finished as the prince returned. At last Elisa could explain everything to him. The prince had the evil treasurer thrown into the dungeon. And after that the wedding was celebrated for seven days.

And they all lived happily ever after.

Коли повернувся принц, обіймам та поцілункам сестри та братів не було кінця. Нарешті Еліза змогла все розповісти йому. Принц наказав кинути злого радника до в'язниці. А потім усі сім днів святкували весілля.

І жили вони довго та щасливо.

Hans Christian Andersen

Hans Christian Andersen was born in the Danish city of Odense in 1805, and died in 1875 in Copenhagen. He gained world fame with his literary fairy-tales such as „The Little Mermaid", „The Emperor's New Clothes" and „The Ugly Duckling". The tale at hand, „The Wild Swans", was first published in 1838. It has been translated into more than one hundred languages and adapted for a wide range of media including theater, film and musical.

Barbara Brinkmann was born in Munich in 1969 and grew up in the foothills of the Bavarian Alps. She studied architecture in Munich and is currently a research associate in the Department of Architecture at the Technical University of Munich. She also works as a freelance graphic designer, illustrator, and author.

Cornelia Haas has been illustrating childrens' and adolescents' books since 2001. She was born near Augsburg, Germany, in 1972. She studied design at the Münster University of Applied Sciences and is currently a professor on the faculty of Münster University of Applied Sciences teaching illustration.

Marc Robitzky, born in 1973, studied at the Technical School of Art in Hamburg and the Academy of Visual Arts in Frankfurt. He works as a freelance illustrator and communication designer in Aschaffenburg (Germany).

Ulrich Renz was born in Stuttgart, Germany, in 1960. After studying French literature in Paris he graduated from medical school in Lübeck and worked as head of a scientific publishing company. He is now a writer of non-fiction books as well as children's fiction books.

Do you like drawing?

Here are the pictures from the story to color in:

www.sefa-bilingual.com/coloring

www.ingramcontent.com/pod-product-compliance
Lightning Source LLC
LaVergne TN
LVHW070449080526
838202LV00035B/2780